Para:

De:

Investigación literaria: María Eugenia Díaz Cafferata

Dirección de arte: Trinidad Vergara
Diseño: Renata Biernat

Ilustraciones: Serie de flores, John S. Bunker © Superstock
Fotocromía: DTP Ediciones

© 1998, Vergara & Riba Editoras
ARGENTINA: Arenales 1239 PB 3 - C1061AAK Buenos Aires
Tel/Fax (54-11) 4816-3791 / e-mail: editoras@vergarariba.com.ar

MÉXICO: Galileo 100, Colonia Polanco - México DF 11560
Tel/Fax (52) 5220-6620/6621 - e-mail:
editoras@vergarariba.com.mx

ISBN: 987-9201-03-5

Impreso por Gráfica Melhoramentos

Printed in Brazil

3ra Edición: Mayo de 2001

Poemas para enamorar

Edición de Lidia María Riba

Vergara & Riba
Editoras

Estas manos que son tuyas,
pero que al verte quisieran
quebrar las ramas azules
y el murmullo de tus venas.
¡Ay, qué lamento, qué fuego
me sube por la cabeza!

...no hay minuto del día
que estar contigo no quiera,
porque me arrastras y voy,
y me dices que me vuelva
y te sigo por el aire
como una brizna de hierba.

Federico García Lorca

Yo no sé si eres muerte o si eres vida,
si toco rosa en ti, si toco estrella,
si llamo a Dios o a ti cuando te llamo.

Junco en el agua o sorda piedra herida,
sólo sé que la tarde es ancha y bella,
sólo sé que soy hombre y que te amo.

Dámaso Alonso

*A*ndas por esos mundos como yo... no me digas
que no existes. Existes: nos hemos de encontrar;
no nos conoceremos. Disfrazados y torpes
por los mismos caminos echaremos a andar.

Quizás nos encontremos frente a frente algún día,
quizás nuestros disfraces nos logremos quitar...
Y ahora me pregunto: cuando ocurra, si ocurre,
¿sabrás tú de suspiros?, ¿sabré yo suspirar?

Alfonsina Storni

*N*o te quiero sino porque te quiero
y de quererte a no quererte llego
y de esperarte cuando no te espero
pasa mi corazón del frío al fuego.

Te quiero sólo porque a ti te quiero,
te odio sin fin, y odiándote te ruego,
y la medida de mi amor viajero
es no verte y amarte como un ciego.

Tal vez consumirá la luz de enero,
su rayo cruel, mi corazón entero,
robándome la llave del sosiego.

En esta historia sólo yo me muero
y moriré de amor porque te quiero,
porque te quiero, amor, a sangre y fuego.

Pablo Neruda

*M*e dices que no te vea,
para que olvide tu amor...
¡Ay! Los que pierden la vista
sólo piensan en el Sol.

Pedro A. De Alarcón

*P*reguntas ¿qué es amor?
Es un deseo en parte terrenal
y en parte santo:
lo que no sé expresar cuando te canto;
lo que yo sé sentir cuando te veo.

Ramón de Campoamor

Una querencia tengo por tu acento,
una apetencia por tu compañía
y una dolencia de melancolía
por la ausencia del aire de tu viento.

Paciencia necesita mi tormento,
urgencia de tu amor y galanía,
clemencia de tu voz la tuya mía
y asistencia el estado en que lo cuento.

¡Ay querencia, dolencia y apetencia!;
me falta el aire tuyo, mi sustento,
y no sé respirar y me desmayo.

Que venga, Dios, que venga de su ausencia
a serenar la sien del pensamiento
que me mata con un eterno rayo.

Miguel Hernández

*H*ablemos en silencio.
¿Qué importan las palabras?
Lenguaje de tus ojos,
lenguaje de tus manos,
rumores del misterio,
mensaje de las almas.

Laura Anselmi

*T*odo lo espero...
ser árbol, ser fuente,
ser loca, ser aire.

Todo lo espero...
una noche sin día,
una muerte sin nadie.
¡Todo lo espero
menos olvidarte!

Gloria Fuertes

_A_mo amarte así, en viaje,
a la deriva del tiempo,
sin regreso.

Lydia Alfonso

_A_usencia en todo veo:
tus ojos la reflejan.

Ausencia en todo escucho:
tu voz a tiempo suena.

Ausencia en todo aspiro:
tu aliento huele a hierba.

Ausencia en todo toco:
tu cuerpo se despuebla.

Ausencia en todo siento.
Ausencia. Ausencia. Ausencia.

Miguel Hernández

Pues bien, yo necesito
decirte que te adoro,
decirte que te quiero
con todo el corazón;
que es mucho lo que sufro
y mucho lo que lloro,
que ya no puedo tanto,
y al grito que te imploro,
te imploro y te hablo en nombre
de mi última ilusión.

Manuel Acuña

¿No has sentido en la noche
cuando reina la sombra,
una voz apagada que canta
y una inmensa tristeza que llora?

¿No sentiste una lágrima mía
deslizarse en tu boca?
¿Ni sentiste mi mano de nieve
estrechar a la tuya de rosa?

¿No viste entre sueños
por el aire vagar una sombra
ni sintieron tus labios un beso
que estalló misterioso en la alcoba?

Pues yo juro por ti, vida mía,
que te vi entre mis brazos, miedosa,
que sentí tu aliento de jazmín y nardo
y tu boca pegada a mi boca.

Gustavo Adolfo Bécquer

¿Que si me duele? Un poco, te confieso
que me heriste a traición, más por fortuna
tras el rapto de la ira vino una
dulce resignación... Pasó el acceso.
¿Sufrir? ¿Llorar? ¿Morir? ¿Quién piensa en eso?
¿Que si me duele? Sí, me duele un poco,
mas no mata el dolor... No tengas miedo.

Luis Gonzaga Urbina

El amor es perfume, es néctar y es veneno;
es camino de rosas y es camino de cieno,
es un rayo de luna besando un corazón...

Es débil como un niño, como un hércules fuerte
el amor es la flecha que nos causa la muerte
y tiene el privilegio de la resurrección.

Joaquín Dicenta

Señor, ya me arrancaste lo que yo más quería.
Oye otra vez, Dios mío, mi corazón clamar.
Tu voluntad se hizo, Señor, contra la mía.
Señor, ya estamos solos mi corazón y el mar.

Antonio Machado

No puedo olvidar
que no tengo alas,
que no tengo mar,
vereda ni nada
con que irte a besar.

Miguel Hernández

Amor, la noche estaba trágica y sollozante
cuando tu llave de oro cantó en mi cerradura;
luego, la puerta abierta sobre la sombra helante
tu forma fue una mancha de luz y de blancura.

Todo aquí lo alumbraron tus ojos de diamante;
bebieron en mi copa tus labios de frescura,
y descansó en mi almohada tu cabeza fragante;
me encantó tu descaro y adoré tu locura.

Y hoy río si tú ríes, y canto si tú cantas;
y si tú duermes, duermo como un perro a tus plantas.
Hoy llevo hasta en mi sombra tu olor de primavera;
y tiemblo si tu mano se acerca a los cerrojos
y bendigo la noche sollozante y oscura
que floreció en mi vida tu boca tempranera.

Delmira Agustini

Viene... No viene... Viene...
No viene... La tarde baja
con la mano cansada ya de decir adiós.
Y yo sigo con mi pobre plegaria:
¿Qué sería de mí si ella no llegara?
¡Y qué sería cuando ella llegue, Dios!

Guillermo de Almeida

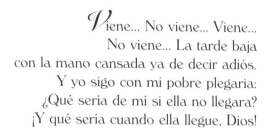

Yo no sé lo que busco eternamente
en la tierra, en el aire y en el cielo;
yo no sé lo que busco; pero es algo
que perdí no sé cuándo y que no encuentro,
aun cuando sueñe que invisible habita
en todo cuanto toco y cuanto veo.

Rosalia de Castro

Aposté por tu amor, y aposté fuerte;
lo puse todo al rojo de la vida,
en ti creí, creí en mi suerte
pero hoy ya no sé si estoy vencida.

Dímelo tú, mi amor esquivo,
dime, dímelo: ¿valió la pena?
Desde esta penumbra en que vivo
en presente lo diré: valió la pena.

Más allá del tiempo y su condena,
aquello que vivimos y gozamos
resplandece con su luz serena.

Como este mar azul que ayer miramos
avanzando tenaz sobre la arena,
duró nuestro amor: valió la pena.

María Doval

*A*mor es fuego que arde sin arder;
una herida que duele sin lamento;
un gran contentamiento sin contento
un dolor que maltrata sin saber.

Luis De Camões

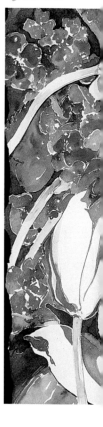

*C*uando me veas
así, con esos ojos
que te miran sin
verte, es que a través
de ti miro mi sueño
sin dejar de quererte.

Porque en tu suave
transparencia tengo
un milagroso tul
con el cual, para
dicha de mis ojos,
todo lo veo azul.

José Pedroni

$\mathscr{P}$resiento la rosa en el tallo dormido,
presagio la caricia y presiento la pena.
Y el beso que han de darme,
y el llanto no nacido
humedece mis dedos
y entristece mis venas.
Presiento que me quiere
quien no puede quererme.
Presiento mis insomnios
y el llorar de una estrella.
Yo presiento su risa
-y en mis versos su huella-.

Y la risa que pasa
y la duda que seca.
Todo presiento, todo,
lo que pasa en la tierra:
la caricia y el llanto,
el beso y el poema.

Que aunque puedo ser madre,
yo soy como un poeta.

Gloria Fuertes

Y el día que me quieras
tendrá más luz que junio;
la noche que me quieras
será de plenilunio.
Con notas de Beethoven
gimiendo en cada rayo
sus inefables cosas....
y habrá juntas más rosas
¡que en todo el mes de mayo....!

Mil fuentes cristalinas
irán por las laderas
saltando cantarinas
¡el día que me quieras!

Amado Nervo

*A*quí tu barca está sobre la arena;
desierta miro la extensión marina;
te llamo sin cesar con tu bocina
y no apareces a calmar mi pena.

Porque es mucho dolor que siempre ignores
que yo te quiero ver, que yo te llamo,
sólo para decirte que te amo,
que eres siempre el amor de mis amores.

Carolina Coronado

*S*i me dicen que te has marchado
que no vendrás,
no voy a creerlo: voy
a esperarte.

Si te dicen que me he ido,
que no vuelvo,
no lo creas:
espérame
siempre.

Roberto Fernández Retamar

Es hielo abrasador, es fuego helado,
es herida que duele y no se siente,
es un soñado bien, un mal presente,
es un breve descanso muy cansado.

Es un descuido que nos da cuidado,
un cobarde con nombre de valiente,
un andar solitario entre la gente,
un amar solamente ser amado.

Es una libertad encarcelada
que dura hasta el postrero paroxismo,
enfermedad que crece si es curada.

Este es el niño amor, éste es su abismo:
mirad cuál amistad tendrá con nada
el que en todo es contrario de sí mismo.

Francisco de Quevedo y Villegas

Al decirte a ti: "única",
no es porque no haya otras
rosas junto a las rosas,
olivas muchas en el árbol, no.
Es porque te vi sólo
al verte a ti. Porque te veo ahora
mientras no te me quites del amor.

Pedro Salinas

Busco tu suma, el borde de la copa donde el vino
es también la luna y el espejo,
busco esa línea que hace temblar a un hombre en
una galería de museo.
Además te quiero, y hace tiempo y frío.

Julio Cortázar

*T*e quiero por todas las mujeres que conocí
Te quiero por todos los tiempos que no viví
Por el olor de alta mar
Por el olor del pan caliente
Por la nieve hecha agua para la primera flor
Por el animal puro que no le teme al hombre
Te quiero por querer
Te quiero por todas las mujeres que no quiero

Te quiero por tu serenidad que no es la mía
Por la salud
Te quiero contra todo lo que es sólo ilusión
Para este corazón inmortal que no tengo
Crees ser la duda sólo eres la razón
Eres ese gran sol que se me sube a la cabeza
Cuando estoy seguro de mí.

Paul Éluard

*C*ada vez que te enamores
no expliques a nadie nada
deja que el amor te invada
sin entrar en pormenores

Mario Benedetti

*D*olerse mi amor dolerse
hasta que la noche alumbre
y el día oscurezca,
y haya cielo del color del día
y noche oscura sobre la luz del alba.

Daniel Calmels

Esta pena mía
no tiene importancia,
sólo es la tristeza de una melodía
y el último ensueño de alguna fragancia.

Que todo se muere,
que la vida es triste,
que nunca vendrías por más que te espere,
que ya no me quieres como me quisiste...

no tiene importancia...
y soy razonable;
no puedo pedirte ni amor ni constancia
¡si es mía la culpa de no ser tan variable!

¿Qué valen mis quejas
si no las escuchas,
y qué mis caricias, desde que las dejas
quizás despreciadas porque fueron muchas?

Si esta pena mía
no es más que el ensueño de alguna fragancia,
no es más que la sombra de una melodía...
Ya ves que no tiene ninguna importancia.

Pedro Miguel Obligado

*H*oy han vuelto
por todos los senderos de la noche han venido
a llorar en mi lecho.
¡Fueron tantos, son tantos!
Yo no sé cuáles viven,
yo no sé cuál ha muerto.
Me lloraré yo misma
para llorarlos todos.
La noche bebe el llanto
como un pañuelo negro.

...

¡Ay, entre todas las manos
yo he buscado tus manos!
Tu boca entre las bocas,
tu cuerpo entre los cuerpos;
de todas las cabezas,
yo quiero tu cabeza,
de todos esos ojos,
tus ojos sólo quiero.
Tú eres el más triste,
por ser el más querido,
tú has llegado el primero
por venir desde más lejos...

Delmira Agustini

Adiós, te digo adiós
y acaso te quiera todavía,
no sé si he de olvidarte
pero te digo adiós.
No sé si me quisiste,
no sé si te he querido...
o tal vez nos quisimos
demasiado los dos.
No sé si te amé mucho,
no sé si te amé poco
pero sí sé que nunca
volveré a amar así.
Adiós, te digo adiós
y acaso con esta despedida
mi más preciado sueño
muera dentro de mí...
Pero te digo adiós
para toda la vida
aunque toda la vida
siga pensando en ti.

José Angel Buesa

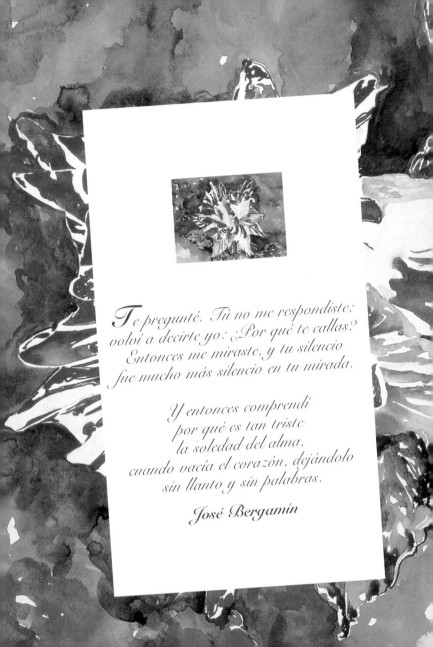

Te pregunté. Tú no me respondiste;
volví a decirte yo: ¿Por qué te callas?
Entonces me miraste, y tu silencio
fue mucho más silencio en tu mirada.

Y entonces comprendí
por qué es tan triste
la soledad del alma,
cuando vacía el corazón, dejándolo
sin llanto y sin palabras.

José Bergamín

*Y*o voy a ti, como va
sorbido al mar ese río.
Tu presencia me enajena,
tus palabras me alucinan,
tus ojos me fascinan,
y tu aliento me envenena.
Yo lo imploro
de tu hidalga compasión:
arráncame el corazón
o ámame, porque te adoro.

José Zorrilla

*A*mor y extraño amor, este amor mío,
silencioso y profundo como un río,
que corre interminable y caudaloso.

Amor que nada pide y nada espera;
amor que es como un lago sin ribera
bajo un cielo piadoso.

Alfredo R. Bufano

He de darte las manos, espera, todavía
está llena la tierra del murmullo del día.
La bóveda celeste no deja ver ninguna
de sus estrellas... duerme en los cielos la luna.

Espera, dulcemente, balsámica de calma
se llegará la noche; yo te daré las manos.
Pero ahora lo impiden esos ruidos mundanos,
hay luz en demasía, no puedo verte el alma.

Alfonsina Storni

Tómame ahora que aún es temprano
y que llevo dalias nuevas en la mano.

Ahora, que en mis labios repica la risa
como la campana sacudida a prisa.

Ahora, que calza mi planta ligera
la sandalia viva de la primavera.

Juana de Ibarbourou

*H*e encontrado el secreto de amarte
siempre por primera vez.

André Breton

*A*ndar el corazón, andarlo herido
para entender sus vuelos submarinos,
andarlo entero, libre y atrevido
como si fuera el único camino.

Ignacio Bustos Fierro

*P*orque te tengo y no
porque te pienso
porque la noche está de ojos abiertos
porque la noche pasa y digo amor
porque has venido a recoger tu imagen
y eres mejor que todas tus imágenes
porque eres linda desde el pie hasta el alma
porque eres buena desde el alma a mí
porque te escondes dulce en el orgullo
pequeña y dulce
corazón coraza

porque eres mía
porque no eres mía
porque te miro y muero
y porque muero
si no te miro amor
si no te miro

porque tú siempre existes dondequiera
pero existes mejor donde te quiero
porque tu boca es sangre
y tienes frío
tengo que amarte amor
tengo que amarte
aunque esta herida duela como dos
aunque te busque y no te encuentre
y aunque
la noche pase y yo te tenga
y no.

Mario Benedetti

Julieta: ¿Quién dirigió tus pasos a este sitio?

Romeo: El amor, que me hizo averiguarlo,
me dio consejos y yo le di mis ojos.
Aunque no soy piloto, si estuvieras
tan lejana de mí como las playas
del más lejano mar, te encontraría,
navegando hasta hallar ese tesoro.

William Shakespeare

Yo seré a tu lado silencio, silencio,
perfume, perfume, no sabré pensar
no tendré palabras, no tendré deseos,
sólo sabré amar.

Alfonsina Storni

Como fui reina y fui mendiga, ahora
vivo en puro temblor de que me dejes
y te pregunto, pálida, a cada hora:
¿estás conmigo aún?, ¡ay, no me dejes!

Quisiera hacer las marchas sonriendo
y confiando, ahora que has venido,
pero hasta en el dormir estoy temiendo
y pregunto entre sueños: ¿no te has ido?

Gabriela Mistral

Querer no es esa apacible
ternura que no hace huella;
querer es querer mil veces
en cada vez que se quiere.

Querer es tener la vida
repartida por igual
entre el amor que sentimos
y la plenitud de amar.

Andrés Eloy

Mi dolor tiene los ojos
castigados. Si pudiera
hablarte. Sí, si pudiera
hablar contigo, río alto,
paloma fría. ¡Qué triste
pensamiento, qué sueño
muere a tu lado, perdido!
¡Paloma fría, río alto!
Luna de piedra entre lirios.

Ricardo Molinari

La rosa:
tu desnudez hecha gracia.

La fuente:
tu desnudez hecha agua.

La estrella:
tu desnudez hecha alma.

Juan Ramón Jiménez

Un amor es un amor
si puede derribar paredes.
Un amor es un amor
si hace contigo lo que quiere.

Un amor es un amor
si te han herido justo al medio.
Un amor es un amor
si piensas que ya no hay remedio.

Un amor es un amor
si está rondando la locura
y se vuelve una obsesión
vivir a oscuras, siempre a oscuras.

Un amor es nuestro amor
que puede derribar montañas
tan ardiente como el sol
y claro como el agua clara.

Un amor es nuestro amor
es sueño, es ilusión y es celo,
es entrega y comunión
es la imaginación al vuelo.

Un amor es nuestro amor
como un gran ventanal abierto.
Un amor es nuestro amor
entero, visceral, y es cierto.

Alberto Cortez

Bibliografía

- Benedetti, Mario, *Acordes cotidianos*, Vergara & Riba, Buenos Aires, 2000.
- Cano, José, *Antología de la Nueva Poesía Española*, Gredos, Madrid, 1963.
- Cerasuolo, Omar, *Poemas de Amor*, Corregidor, Buenos Aires, 1996.
- Cortázar, Julio, *Veredas de Buenos Aires y otros poemas*, Espasa Calpe, Buenos Aires, 1995.
- Cortez, Alberto, *Almacén de almas*, Emecé Editores, Buenos Aires, 1993.
- de Castro, Rosalía, *En las orillas del Sur, Antología de la poesía lírica española*, Kapelusz, Buenos Aires, 1973.
- Diego, Gerardo, *Poesía española contemporánea, Antología*, Ediciones Taururs, Madrid, 1966.
- *El libro de los novios (Antología de poetas del amor)*, Ediciones Anaconda, Buenos Aires, 1980.
- Eluard, Paul, *Últimos poemas de amor*, Ediciones de la Flor, Buenos Aires, 1979.
- Fernández, Macedonio, *Poesías completas*, Visor, Madrid, 1991.
- Fernández Retamar, Roberto, *Las cosas del corazón*, Editorial Gente Nueva, La Habana, 1994.
- Fuertes, Gloria, *Antología poética*, Plaza Janes, 1972.
- Garcia Lorca, Federico, *Obras Completas*, Aguilar, Madrid, 1969
- Jiménez, Juan Ramón, *Obras Completas*, Aguilar, Madrid, 1967
- *Los mejores poemas de la poesía argentina*, Corregidor, Buenos Aires, 1974.
- Machado, Antonio, *Poesías completas*, Espasa Calpe, Madrid, 1965.
- Molinari, Ricardo, *Poesía argentina del siglo XX*, Ediciones Colihue, Buenos Aires, 1994.
- Neruda, Pablo, *Regalo de un poeta*, Vergara & Riba, Buenos Aires, 2000.
- Pitt, Héctor Roque, *Poesía española desde Bécquer hasta nuestros días*, Editorial Guadalupe, Buenos Aires, 1983.
- *Poetas argentinos contemporáneos*, Editorial Eleusis, Buenos Aires, 1995.
- Shakespeare, William, *Obras Completas*, Aguilar, Madrid, 1969.
- Salinas, Pedro, *Poesías Completas*, Barral Editores, Barcelona 1971.
- Zorrilla, José, *Leyendas*, Aguilar, Barcelona, 1945.

Otros libros para regalar

Te regalo una alegría

Un regalo para el alma

Una pausa para el espíritu

Confía en ti

Todo es posible

Nunca te rindas

Por nuestra gran amistad

La maravilla de la amistad

Seamos siempre amigas

Un regalo para mi hija

Un regalo para mi madre

A mi hermana

Para una gran mujer

Para una mujer muy ocupada

Para una mujer que cree en Dios

Un regalo para mi padre

Para el hombre de mi vida

Para un hombre de éxito

Un regalo para mi hijo

De parte de papá y mamá

Con el cariño de la abuela

Dios te conoce

Tu Primera Comunión

La maravilla de los bebés

Nacimos para estar juntos

Gracias por tu amor

Ámame siempre

Vocación de curar

Colección "Lo mejor de los mejores"

Paulo Coelho: Palabras esenciales

Pablo Neruda: Regalo de un Poeta

Mario Benedetti: Acordes cotidianos

Richard Bach: Mensajes para siempre

Un brindis por la vida

Un brindis por los amigos